Mi primera enciclopedia del espacio

Texto: Paul Dowswell

Diseño: Keith Newell y Helen Wood

Ilustraciones: Gary Bines y David Hancock

Asesor espacial: Stuart Atkinson   Dirección de diseño: Mary Cartwright
Dirección editorial: Felicity Brooks   Manipulación digital: John Russell, Mike Olley y Roger Bolton

Búsqueda de imágenes: Ruth King
Diseño de la portada: Laura Fearn

Traducción al español: Sonia Tapia
Redacción: Pilar Dunster y Zoë Munro

Links de Internet

En este libro se incluyen breves descripciones de sitios interesantes dedicados al espacio en Internet, a los que da rápido acceso nuestra página web: www.usborne-quicklinks.com/es

En el sitio Quicklinks de Usborne figura una lista de libros con links de Internet. Sólo hay que hacer clic en el título y añadir el número de la página del libro donde se describe el link para enlazar con el sitio web seleccionado.

Estos son algunos ejemplos de lo que podrás explorar en los links de Internet:
- Descripción completa del traje de astronauta
- Magníficas fotografías del telescopio espacial Hubble
- Eclipse On Line – Informe detallado de un eclipse total de Sol
- Amplia información sobre las constelaciones

Consejos para internautas

Algunos consejos para navegar por Internet de forma más segura:

- Pide permiso a tus padres o a una persona responsable antes de navegar.

- No debes teclear tus datos personales (nombre, dirección y teléfono).

- No debes quedar en encontrarte con personas que has conocido a través de Internet.

- Si un sitio web pide que te identifiques (log in) o que escribas tu nombre y tu dirección de correo electrónico para registrarte, pide permiso a tus padres o a una persona responsable.

- Si recibes correos electrónicos enviados por desconocidos, no contestes. Enséñaselos a tus padres o a una persona responsable.

Ilustraciones descargables

Las ilustraciones del libro que llevan una estrella se pueden descargar e imprimir gratis si se van a utilizar en un trabajo escolar. Se prohíbe su copia y distribución con fines comerciales. Para descargarlas, visita el sitio web de Usborne: www.usborne-quicklinks.com/es

Cambios en la web

Cuando un sitio web no está disponible aparece un aviso en pantalla y hay que dejar pasar unas horas antes de volver a probar. Usborne mantiene al día los enlaces que aparecen en nuestro Quicklinks y si algún sitio web deja de existir, lo sustituye con otro de contenido similar.

Equipo

Puedes acceder a los sitios web a través de un ordenador personal (PC) provisto de navegador (el software que permite ver la información de Internet). A veces se necesitan programas adicionales (plug-ins) para escuchar sonidos o ver vídeos y animaciones. En este caso aparece un mensaje en pantalla y en el sitio web suele haber una opción para descargar los plug-ins. Otra posibilidad es volver a www.usborne-quicklinks.com/es y hacer clic en **Guía de Internet** que incluye enlaces a sitios para descargarlos.

A los padres y educadores

Usborne revisa los sitios web descritos y actualiza los enlaces que figuran en su página web. Dado que los contenidos de los sitios web cambian constantemente, Usborne sólo se hace responsable de su propio sitio web y no acepta responsabilidades legales relacionadas con páginas o sitios web ajenos.

Se recomienda supervisión adulta cuando los niños utilicen Internet y verificación de que no acceden a canales de charla o rincones de chat. Asimismo, se recomienda la instalación de un software filtro para eliminar material inadecuado para niños. Los padres y educadores deberán asegurarse de que los niños comprenden y siguen los "Consejos para internautas" que se ofrecen en esta página. Más información en el apartado Guía de Internet del sitio Quicklinks de Usborne.

NO HACE FALTA ORDENADOR

El libro, por sí solo, es una obra completa. El uso de Internet es opcional.

Índice de materias

El espacio

El espacio nos ofrece un espectáculo maravilloso. Algunos de sus paisajes son accesibles a simple vista, con prismáticos o con un telescopio. Otros son sólo visibles con un equipo especial. Aquí tienes una muestra del contenido del libro.

Cohetes

Se están lanzando cohetes al espacio desde hace 40 años. El hombre ya ha llegado a la Luna y algunas naves sin tripulación han visitado planetas tan lejanos como Urano y Neptuno.

Este cohete americano lleva a tres astronautas a la Luna.

Astronautas

Las personas que viajan al espacio se llaman astronautas. Tienen que entrenarse durante muchos años antes de emprender el viaje.

Este astronauta lleva un traje espacial para "pasear" por el espacio.
★

Estrellas

Una estrella es una bola incandescente de gas muy caliente. El Sol es una estrella.

Aquí se ve cómo se forman las estrellas a partir de nubes de polvo estelar.

El planeta
Neptuno

Lunas

Muchos planetas
tienen lunas, que
son pequeños
astros que giran
en torno a otros
planetas.

Ésta es Io, una de
las lunas de Júpiter.

Planetas

Un planeta es una bola enorme de roca o
gas que gira en torno a una estrella. Cuando
un grupo de planetas gira alrededor de una
estrella, forma un sistema solar.

El planeta Saturno

Cometas

Los cometas son pedazos de
hielo sucio que vuelan por el
espacio. A veces se estrellan
contra los planetas.

Esto es un
cometa.

★

Galaxias

Las galaxias son grupos enormes de
estrellas. El Sol y el Sistema Solar están
en la galaxia Vía Láctea. En el espacio
existen billones de galaxias.

Ésta es la galaxia
Sombrero, con sus
millones de estrellas.

El cielo en movimiento

En el universo todo está en movimiento, desde las lunas más pequeñas hasta los sistemas solares y las galaxias. Aunque tú estés ahora quieto, en realidad te estás moviendo en el espacio a 1.000 km por segundo.

Rotación

Todos los planetas y las lunas giran sobre sí mismos (movimento de rotación). El planeta Tierra gira a unos 1.600 km por hora y tarda 24 horas en dar una vuelta completa. Por eso el día tiene 24 horas.

Esta foto de las estrellas se tomó durante varias horas. La posición de las estrellas cambia en el cielo porque la Tierra gira sobre sí misma.

El día y la noche

A medida que la Tierra gira, la parte que está de cara al Sol se ilumina y la parte que se aleja del Sol se oscurece. Por eso tenemos días y noches.

La Tierra sigue rotando a medida que gira alrededor del Sol. Tarda 365 días (un año) en dar una vuelta completa alrededor del Sol.

Todavía está oscuro en Norteamérica.

1

07:00
El Sol sale en Europa.

El Sol sale en Norteamérica.

2

12:00 mediodía
El Sol da de pleno en Europa.

El Sol da de pleno en Norteamérica.

3

19:00
El Sol se ha puesto en Europa.

Traslación

Además de girar sobre sí mismos, los planetas y las lunas se mueven en el espacio (movimento de traslación) y describen grandes círculos, llamados órbitas. Parecen desplazarse lentamente, por lo que resulta difícil percibir su movimento.

Las líneas y flechas amarillas en las imágenes de la derecha muestran las órbitas de un planeta y una luna.

Un planeta gira alrededor de un sol.

Una luna gira alrededor de un planeta.

La gravedad

Gracias a la fuerza de gravedad, los planetas giran siempre alrededor del Sol en lugar de salir despedidos por el espacio. La fuerza de gravedad es la que atrae a cada objeto del universo hacia los demás objetos.

La órbita de la Tierra

La Tierra permanece en órbita alrededor del Sol gracias a la gravedad.

La fuerza gravitatoria del Sol atrae a la Tierra y evita que salga despedida por el espacio.

La fuerza gravitatoria del Sol

Si los planetas y lunas de nuestro Sistema Solar no se movieran, se estrellarían contra el Sol.

El Sol

7

Telescopios

Los telescopios hacen que los objetos muy lejanos parezcan más grandes. Desde que se inventaron, hace ya 400 años, los astrónomos los utilizan para observar el espacio.

Cómo funciona un telescopio

Los telescopios llevan unos cristales curvos, llamados lentes, que agrandan los objetos. El primer astrónomo que utilizó un telescopio fue el italiano Galileo. Su telescopio aumentaba tres veces el tamaño de las estrellas y de los planetas.

Una réplica del telescopio de Galileo

Lente

Lente

Tubo hueco

La luz entra por aquí.

Galileo descubrió los anillos de Saturno con su telescopio.

Telescopios modernos

Hoy en día, los astrónomos utilizan telescopios que proporcionan mejores imágenes, porque llevan espejos de cristal además de lentes de vidrio. Los grandes telescopios se instalan en la cima de las montañas, donde el aire está más limpio y el cielo se ve con más claridad.

Éste es el observatorio Kitt Peak en Arizona (EEUU).

En esta torre se halla el telescopio Mayall, uno de los más grandes del mundo. Permite ver lejanas galaxias y nebulosas.

Un telescopio espacial

Girando en torno a la Tierra hay un enorme telescopio: el telescopio espacial Hubble. Como se encuentra lejos de la polución y la neblina de la atmósfera*terrestre, toma unas fotografías muy claras del universo.

Antena

El telescopio se mueve para enfocar distintas partes del cielo.

Esta tapa protege la lente cuando el telescopio no se está utilizando.

El telescopio espacial Hubble

Las cámaras sacan fotografías de lo que ve el Hubble.

Dos antenas de radio envían las imágenes a la Tierra.

El Hubble tiene dos placas solares que convierten la energía del Sol en electricidad para hacer funcionar el telescopio.

Placa solar

Antena

Placa solar

Reparaciones espaciales

Tras el lanzamiento del telescopio espacial Hubble en 1990, se descubrió que no funcionaba bien. En 1993 varios astronautas acudieron a repararlo en un transbordador espacial. Ahora el Hubble envía imágenes espectaculares.

Astronautas

Telescopio Hubble

Transbordador espacial

*En la página 29 hay más información sobre la atmósfera terrestre.

Radiotelescopios

Con telescopios normales no se pueden ver los billones de objetos oscuros o demasiado lejanos que hay en el espacio.

Un radiotelescopio detecta lo que no llegan a captar los telescopios ordinarios, porque no utiliza la luz para "ver".

Señales estelares

Las estrellas y otros objetos celestes emiten señales que pueden ser de luz, calor o sonido. Existen también otras señales llamadas ondas de radio, que son las que captan los radiotelescopios.

Esta galaxia se llama Centauro A. Como el resto de las galaxias, emite ondas de radio por el espacio.

Un radiotelescopio las recoge y las envía a un ordenador que las convierte en imágenes.

Imagen por ordenador de las ondas de radio emitidas por Centauro A.

Ondas de radio

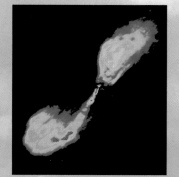

A diferencia de los telescopios ópticos, los radiotelescopios se pueden usar de día y de noche.

Ondas de radio

Las ondas de radio que emiten las estrellas y otros astros se parecen a las ondas que captan los aparatos de radio que tenemos en casa, pero si las escucharas, oirías chasquidos y siseos en lugar de voces y música.

Un radiotelescopio gigante

Este grupo de radiotelescopios está en Nuevo Mexico (EEUU), y se llama Very Large Array. Consta de 27 antenas y cada una de ellas se puede utilizar por separado o junto con las otras 26 para estudiar una enorme sección del cielo.

Compara el tamaño de una persona con el de una antena.

Cada antena mide 25 m de diámetro.

Viajes espaciales

Se lanzan cohetes al
espacio sólo desde 1957.
Los que se enviaron antes
caían al vacío sin llegar
a su destino porque aún no
tenían la potencia necesaria
para vencer la fuerza de
gravedad de la Tierra.

El transbordador espacial

El hombre viajó por primera vez al
al espacio en 1961 y desde entonces,
cientos de astronautas han seguido
haciendo vuelos espaciales. Hoy día
se utilizan transbordadores espaciales,
cuyo funcionamiento se explica en
estas páginas.

Aleta de
dirección

Cuando vuelve del espacio, el
transbordador utiliza las alas
para planear hasta la Tierra.

Los astronautas
tienen que llevar
trajes espaciales
para entrar en
la zona de carga
o para salir de
la nave.

USA

NASA
Endeavour

Cohete
propulsor

1. Despegue del
transbordador

2. Cuando se acaba
el combustible, los
cohetes propulsores
se desprenden y
caen a la Tierra
en paracaídas.

Depósito de
combustible

3. El motor
principal lleva
la nave al espacio.
Cuando se acaba
el combustible, el
depósito se desprende.

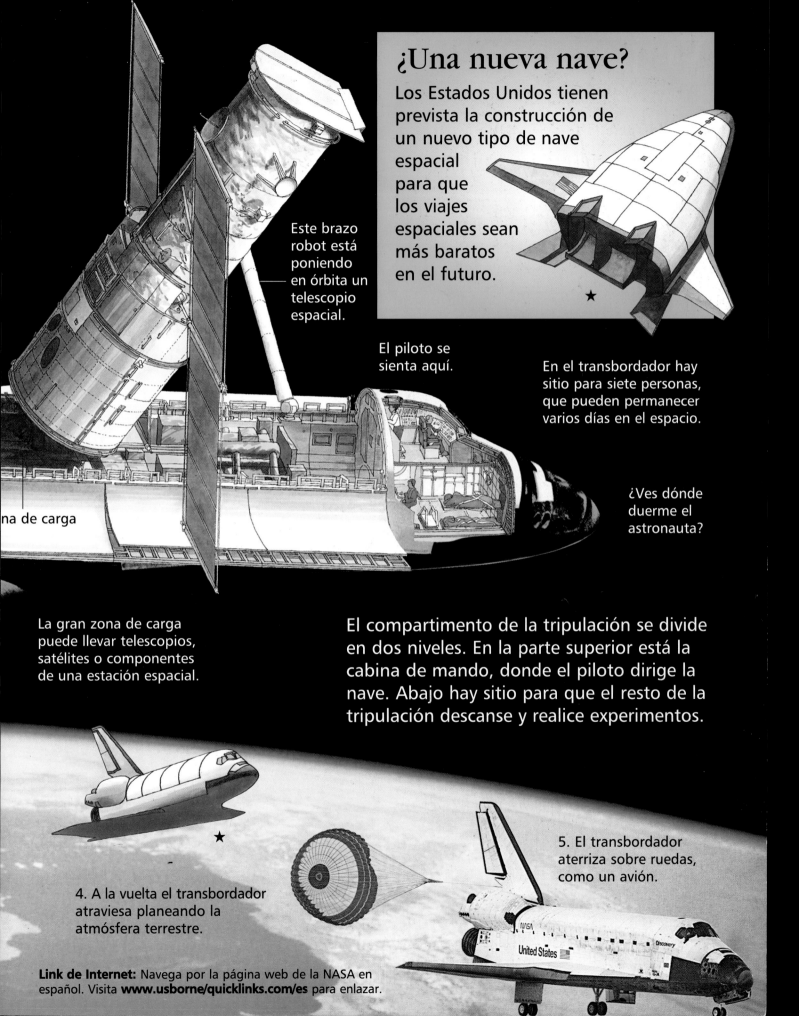

¿Una nueva nave?

Los Estados Unidos tienen prevista la construcción de un nuevo tipo de nave espacial para que los viajes espaciales sean más baratos en el futuro.

★

Este brazo robot está poniendo en órbita un telescopio espacial.

El piloto se sienta aquí.

En el transbordador hay sitio para siete personas, que pueden permanecer varios días en el espacio.

¿Ves dónde duerme el astronauta?

na de carga

La gran zona de carga puede llevar telescopios, satélites o componentes de una estación espacial.

El compartimento de la tripulación se divide en dos niveles. En la parte superior está la cabina de mando, donde el piloto dirige la nave. Abajo hay sitio para que el resto de la tripulación descanse y realice experimentos.

★

4. A la vuelta el transbordador atraviesa planeando la atmósfera terrestre.

5. El transbordador aterriza sobre ruedas, como un avión.

NASA
United States
Discovery

Link de Internet: Navega por la página web de la NASA en español. Visita **www.usborne/quicklinks.com/es** para enlazar.

Los astronautas

Los astronautas se preparan durante años antes de viajar al espacio. Aquí se ve parte de su entrenamiento en una escuela de astronautas de Houston, en Texas (EEUU).

¡Cuántos mandos!

El piloto guía la nave desde un panel de mandos parecido a éste que ves aquí debajo. Hay cientos de botones. Los astronautas aprenden a tripular la nave en un aparato llamado simulador de vuelo. ★

Interior de un simulador de vuelo. En las pantallas aparecen vistas auténticas del espacio.

Simulador de vuelo

Aquí se sientan los astronautas.

La cabina se mueve como una auténtica nave espacial.

Un astronauta aprende a reparar un satélite.

Los astronautas se entrenan en una piscina enorme de 7,6 metros de profundidad.

Este astronauta realiza un paseo espacial bajo el agua.

La ingravidez

En el espacio la ingravidez hace que todo flote como si no pesara. Los astronautas se preparan para esta experiencia tan extraña con entrenamiento bajo el agua, que es el estado de ingravidez más parecido que existe en la Tierra.

Link de Internet: Un puñado de ex-astronautas cuenta sus experiencias en el espacio. Visita **www.usborne/quicklinks.com/es** para enlazar.

Salida de emergencia

Los astronautas tienen que aprender a salir de la nave a toda prisa en caso de emergencia en el despegue o el aterrizaje. Aquí se ve a un astronauta practicando la salida cuando ya ha aterrizado el transbordador.

El astronauta se desliza por una cuerda para salir de la nave espacial.

Brazo robot

Los astronautas practican en un modelo de tamaño real el manejo del brazo robot, que permite sacar y meter satélites artificiales en la zona de carga del transbordador.

Los submarinistas ayudan a los astronautas si tienen problemas.

El cometa del vómito

Los astronautas también experimentan la ingravidez volando en un jet que asciende muy deprisa. Al final de la subida se quedan flotando durante 30 segundos. A veces hay quien se marea, por eso a este avión se le llama el "cometa del vómito".

★

El avión tiene que ascender en vertical y caer en picado para que los astronautas sientan que no tienen peso.

Aquí se ven astronautas flotando en el avión. Las paredes están acolchadas para que no se hagan daño.

15

El paseo espacial

Como en el espacio no hay aire, los astronautas tienen que llevar un traje espacial cuando salen de la nave. Estos trajes son como naves espaciales personales, con su propio suministro de aire y agua.

El casco lleva una cámara que filma lo que hace el astronauta.

El traje espacial tiene varias capas, finas pero muy resistentes, que protegen al astronauta de pequeños meteoros y del calor y el frío del espacio.

Como el casco les oculta la cara, los astronautas se reconocen por esta banda en el traje.

Hay luces en el casco para ver en la oscuridad.

El astronauta controla el equipo del traje desde esta unidad.

El traje es flexible para permitir el movimiento.

A trabajar

Los astronautas realizan paseos espaciales para reparar satélites, construir estaciones espaciales o inspeccionar el exterior de la nave. Los dos astronautas estadounidenses que aparecen en estas páginas salieron de su nave en 1997.

Link de Internet: ¿Quieres saber más sobre los trajes espaciales? Visita **www.usborne/quicklinks.com/es** para enlazar.

16

Supervivencia

Aquí puedes ver parte del equipo
que necesitan los astronautas para
sobrevivir fuera de la nave durante
los paseos espaciales, que a veces
han durado más de cinco horas.

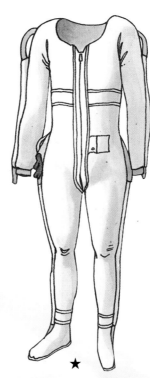

El visor del casco
protege contra la
cegadora luz del Sol.

En este gorro hay un
micrófono de radio y
un auricular.

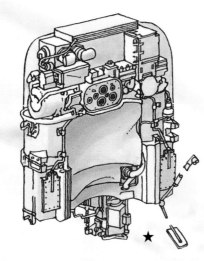

La bolsa de agua
tiene un tubo que
va directamente a la
boca del astronauta.

Aparato portátil de
supervivencia. Incluye
aire para que respire
el astronauta.

Este traje va pegado
al cuerpo. Tiene tubos
de agua caliente y fría
para enfriar o calentar
al astronauta.

Los guantes acolchados
tienen dedos de goma
para permitir un mejor
sentido del tacto.

Del calor al frío

Si los astronautas hacen un paseo espacial en
la zona iluminada por el Sol, sus rayos queman
más que el agua hirviendo; pero cuando la nave
espacial pasa por la zona que no está iluminada,
las temperaturas bajan muchos grados bajo cero.

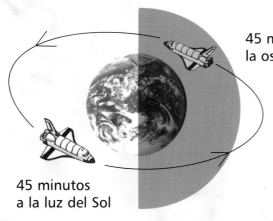

Una nave
espacial tarda
90 minutos en
dar la vuelta a
la Tierra.

45 minutos en
la oscuridad

45 minutos
a la luz del Sol

...staciones espaciales son hogares en el espacio desde donde se observa la Tierra y se realizan experimentos. Los astronautas pueden vivir en su interior varios meses. La primera se construyó hace más de treinta años.

El futuro

Así será una estación espacial en el futuro. Ésta es la Estación Espacial Internacional, que todavía se está construyendo. Una vez concluida, tendrá capacidad para que vivan y trabajen en ella siete personas o más. Un transbordador espacial llevará hasta allí a los astronautas y los traerá de vuelta a la Tierra.

Éste es el laboratorio donde los científicos podrán realizar experimentos para ver cómo se comportan los objetos en el espacio. ★

Estas placas solares producen energía al convertir el calor del Sol en electricidad.

Link de Internet: Describe la llegada del transbordador Atlantis a la Estación Espacial Internacional. Visita **www.usborne/quicklinks.com/es** para enlazar.

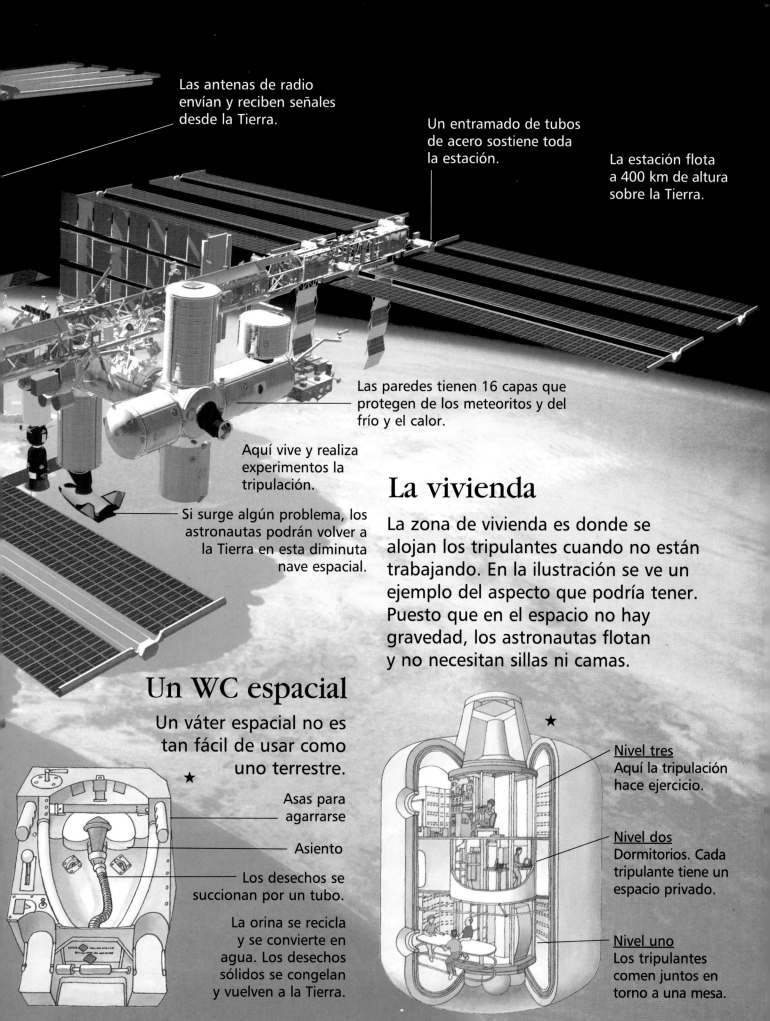

Las antenas de radio envían y reciben señales desde la Tierra.

Un entramado de tubos de acero sostiene toda la estación.

La estación flota a 400 km de altura sobre la Tierra.

Las paredes tienen 16 capas que protegen de los meteoritos y del frío y el calor.

Aquí vive y realiza experimentos la tripulación.

Si surge algún problema, los astronautas podrán volver a la Tierra en esta diminuta nave espacial.

La vivienda

La zona de vivienda es donde se alojan los tripulantes cuando no están trabajando. En la ilustración se ve un ejemplo del aspecto que podría tener. Puesto que en el espacio no hay gravedad, los astronautas flotan y no necesitan sillas ni camas.

Un WC espacial

Un váter espacial no es tan fácil de usar como uno terrestre.

★

Asas para agarrarse

Asiento

Los desechos se succionan por un tubo.

La orina se recicla y se convierte en agua. Los desechos sólidos se congelan y vuelven a la Tierra.

★

Nivel tres
Aquí la tripulación hace ejercicio.

Nivel dos
Dormitorios. Cada tripulante tiene un espacio privado.

Nivel uno
Los tripulantes comen juntos en torno a una mesa.

19

Peligros y catástrofes

Es muy peligroso salir al espacio. Los astronautas sobreviven gracias a la protección de las naves y los trajes espaciales. Lo más arriesgado del viaje es el despegue y la vuelta a la Tierra.

El Challenger

Uno de los peores accidentes espaciales sucedió en 1986, cuando el trasbordador Challenger explotó a los 90 segundos del despegue Los siete astronautas que iban a bordo murieron.

El depósito principal de combustible del Challenger se incendió causandouna enorme explosión.

Despegue del transbordador Challenger.

Aquí se produjo el escape de combustible que provocó el incendio.

Link de Internet: Un sitio dedicado a la misión Apolo XIII. Relata el lanzamiento, la explosión y cómo sobrevivieron los astronautas. Visita **www.usborne/quicklinks.com/es** para enlazar.

El afortunado Apolo XIII

En 1970 tres astronautas fueron a la Luna en la nave Apolo XIII. A medio camino explotó una parte del suministro de combustible, dañando la nave. La tripulación sobrevivió, pero casi se quedó sin aire durante el regreso a la Tierra.

La explosión casi acabó con la nave.

Los astronautas se refugiaron en este extremo de la nave.

Un costado de la nave salió despedido.

Los astronautas fabricaron esta caja a base de bolsas, tubos y cinta adhesiva, para filtrar el aire que respiraban.

El Ariane 5

La Agencia Espacial Europea lanzó en 1996 el cohete Ariane 5. Uno de los ordenadores que llevaba a bordo no funcionó como estaba previsto y a menos de un minuto del despegue, se desvió de su trayectoria y explotó haciéndose añicos

Despegue del Ariane 5

Satélites artificiales y sondas espaciales

Los satélites artificiales y las sondas espaciales son naves sin tripulación que se controlan desde la Tierra. Casi todos llevan cámaras u otros aparatos de exploración.

El Satélite Europeo de Detección a Distancia (más conocido por sus siglas inglesas, ERS) toma fotografías muy detalladas de la Tierra.

Satélites

Algunos satélites observan la Tierra, otros el espacio. También existen satélites que transmiten mensajes telefónicos e imágenes de televisión por todo el mundo.

Placas solares

Éste es el satélite SOHO, que estudia la atmósfera y el viento solar (ver página 32).

Sondas espaciales

Las sondas espaciales realizan una tarea parecida a la de los satélites, pero en lugar de girar alrededor de la Tierra, van a otros planetas y a veces incluso aterrizan en ellos. Se han enviado sondas a todos los planetas excepto a Plutón.

La imagen de la derecha muestra la sonda espacial Voyager en dirección a Neptuno en 1989.

Imágenes espaciales

Los satélites toman fotografías con cámaras especiales para captar detalles específicos que luego se ven con más claridad en un ordenador.

Foto tomada por el ERS del agujero en la capa de ozono sobre la Antártida.

En esta imagen del Sol, tomada por el SOHO, se ve la corona solar.

Una gran imagen

El satélite COBE tomó esta fotografía. Es un mapa de temperaturas de todo el universo.

Unas partes del espacio son más calientes que otras. Las áreas rojas y azules muestran distintas temperaturas.

El satélite COBE

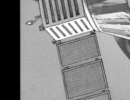

El futuro

Como los viajes espaciales son muy costosos, el futuro de la exploración del universo depende del dinero que inviertan los países del mundo. Éstas son algunas de las posibilidades que podrían hacerse realidad en los próximos cien años.

Naves como ésta harían viajes de ida y vuelta a Marte.

Misión a Marte

En Marte han aterrizado sondas espaciales para tomar fotografías y realizar experimentos. Ahora se planea enviar una nave robot para que recoja muestras de suelo y roca. Si hubiera dinero para costear un viaje tripulado a Marte, el hombre podría realizarlo dentro de veinte años y establecer bases espaciales dentro de unos cincuenta.

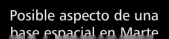

Posible aspecto de una base espacial en Marte.

Turistas espaciales

El primer turista salió al espacio en abril de 2001. A muchas otras personas les gustaría viajar al espacio. Tal vez dentro de 20 años sea posible pasar una semana en un hotel espacial en órbita alrededor de la Tierra. Los turistas espaciales experimentarían la ingravidez y disfrutarían de unas vistas increíbles de la Tierra.

Así sería un hotel en el espacio.

★

La nave que lleva a los pasajeros a la Tierra

En ascensor

Un medio barato de llevar al espacio gente y suministros, sería un ascensor gigante. Parece imposible, pero podría construirse con materiales nuevos que son cien veces más fuertes que el acero. ★

El ascensor habría de tener una altura de 200 km.

Asteroides

Los científicos vigilan el cielo en busca de asteroides que pudieran dirigirse hacia la Tierra. Si cayera uno de gran tamaño, podría eliminar la vida en nuestro planeta. En el futuro tal vez sea posible destruirlos o hacerlos cambiar de rumbo.

La ilustración representa el choque imaginario de un asteroide contra la Tierra.

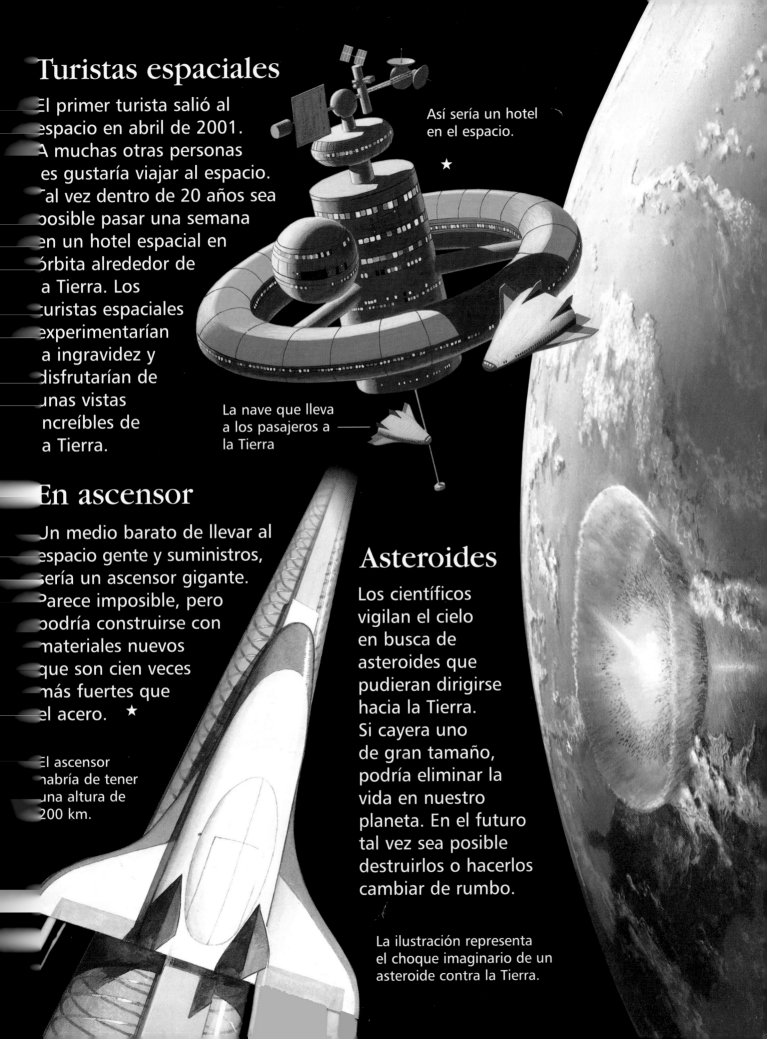

¿Hay alguien ahí?

Desde que el hombre comenzó a estudiar las estrellas se ha planteado la posibilidad de que haya vida en el espacio. De momento no se sabe, pero algunos astrónomos creen que antes de finales de siglo encontraremos pruebas de vida extraterrestre.

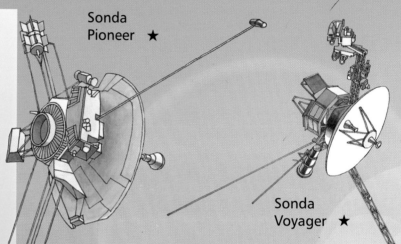

Sonda Pioneer ★

Sonda Voyager ★

Mensajes

Dos tipos de sondas espaciales enviadas fuera del Sistema Solar llevan información para los extraterrestres. A bordo de las Pioneer va un mapa que indica la posición de la Tierra y dibujos del ser humano. Las Voyager llevan un disco con sonidos y vistas de la Tierra.

Disco (Voyager)

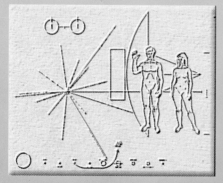

Mapa y dibujos (Pioneer)

Nuevos planetas

Hace poco los astrónomos descubrieron planetas en órbita alrededor de algunas estrellas. Tal vez podría haber vida en ellos. Los radiotelescopios de Arecibo en Puerto Rico (abajo) y Jodrell Bank en Inglaterra, rastrean el espacio cercano a estos planetas en busca de señales extraterrestres.

El radiotelescopio de Arecibo es el más grande del mundo.

¿Vida en la luna Europa?

Europa es una de las lunas de Júpiter. Bajo su superficie helada es posible que haya un mar frío y oscuro donde tal vez existan organismos muy simples, como los que viven en las profundidades de los mares terrestres. En el futuro se enviará a Europa una sonda espacial para investigar.

Europa

En el futuro se podría explorar el interior de Europa con sondas submarinas.

¿Cómo serían los extraterrestres?

Si encontramos vida en el espacio, es posible que no sea muy interesante. Tal vez se trate de un musgo, por ejemplo, y no de seres inteligentes con brazos, piernas y cabeza, como nosotros.

Los extraterrestres son así en las películas, pero en realidad, no sabemos qué aspecto tendrían.
★

Algunos científicos opinan que los microorganismos encontrados en una roca marciana son prueba de que existió vida en Marte.

El Sistema Solar

Nuestro Sistema Solar comprende el Sol y todo lo que gira a su alrededor, es decir, todos los planetas con sus lunas, los cometos y otros objetos celestes. Existen también dos grandes anillos de rocas: El Cinturón de Asteroides y el Cinturón de Kuiper.

En esta imagen los planetas del Sistema Solar no están representados a escala.

Los cometas vuelan en torno al Sistema Solar.

Días y años

Un día es el tiempo que tarda un planeta en dar la vuelta sobre su eje. El día de la Tierra tiene 24 horas. Un año es lo que tarda un planeta en dar toda la vuelta alrededor del Sol. El año terrestre tiene 365 días.

La Tierra

El Sol

Un día

Un año

Cinturón de Asteroides

Saturno es el segundo planeta en tamaño

Neptuno es un planeta de gas, como Júpiter, Saturno y Urano. En nuestro Sistema Solar, los planetas gaseosos son más grandes que los de roca.

Lunas

Todos los planetas del Sistema Solar, excepto Mercurio y Venus, tienen una o más lunas que giran a su alrededor. No se alejan debido a la fuerza de gravedad.

Júpiter es el planeta más grande.

Venus

Mercurio

El Sol

Marte

La Tierra

La atmósfera

La atmósfera es una capa de gas que cubre la superficie de casi todos los planetas. La atmósfera de la Tierra mide 400 km de altura y nos proporciona el aire que necesitamos para poder respirar. También nos protege del calor del Sol.

La atmósfera terrestre

Urano gira de costado y tiene anillos como Saturno.

Plutón es un diminuto planeta de roca.

Más allá de Plutón está el Cinturón de Kuiper, una franja de rocas heladas.

La Luna

La Luna gira alrededor de la Tierra, igual que la Tierra gira alrededor del Sol. De momento la Luna es el único astro de nuestro Sistema Solar que ha sido visitado por el hombre.

Mar de las Crisis

Los "mares" de la Luna son zonas oscuras de roca fundida.

Mar de la Tranquilidad

La Tierra

Los cráteres se formaron por impactos de los meteoritos que se han estrellado contra la Luna.

Mar de la Serenidad

Desde una nave espacial en órbita alrededor de la Luna tendrías esta vista de la Tierra a lo lejos.

El Apolo 15 aterrizó aquí en 1971.

Cuando se enviaron astronautas a la Luna entre 1969 y 1972, las naves tardaban tres días en llegar.

Mar de las Lluvias

¿Cómo es la Luna?

La Luna es muy distinta de la Tierra. No hay aire, ni fenómenos meteorológicos, ni vida. Es un lugar desolado donde hace un calor infernal de día y mucho frío de noche. La superficie de la Luna está cubierta de grandes agujeros llamados cráteres. En las noches claras estos cráteres se distinguen a simple vista desde la Tierra. Algunos son tan grandes que podrían dar cabida a una ciudad del tamaño de Madrid.

Link de Internet: Si te interesa la Luna, aquí encontrarás más información, datos e imágenes. Visita **www.usborne/quicklinks.com/es** para enlazar.

¿Cómo se formó la Luna?

La Luna tiene una edad parecida a la de la Tierra y pudo haberse formado como indican las imágenes.

1. Al poco de existir la Tierra, ★ chocó con ella otro planeta.

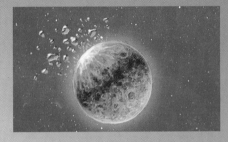

2. Trozos de roca salieron despedidos al espacio. ★

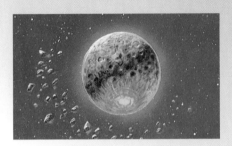

3. La gravedad de la Tierra ★ mantuvo las rocas en órbita.

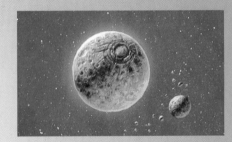

4. Estas rocas formaron La ★ Luna poco a poco.

Datos

- La Luna no emite luz propia. La vemos porque refleja la luz del Sol.

- La Luna tarda 27 días en girar sobre sí misma, y 27 días en dar la vuelta completa a la Tierra.

- Nunca vemos la cara oculta de la Luna porque siempre está al otro lado.

Alunizajes

El hombre ha visitado la Luna seis veces, la primera en 1969 y la última en 1972. Las naves que alunizaron llevaban a bordo dos astronautas que permanecieron en la Luna tres días.

En la foto aparece el alunizaje del Apolo XV. En la página siguiente verás su localización en la Luna.

Esta nave es un módulo lunar.

Los astronautas utilizaron un coche eléctrico.

Este astronauta saluda a la bandera de Estados Unidos.

El Sol

El Sol es una estrella, una enorme bola de gas incandescente que emite una gran cantidad de luz y calor. Es tan grande que podría albergar un millón de planetas del tamaño de la Tierra. Parece que está ardiendo, pero en realidad está explotando como una bomba gigantesca.

La superficie del Sol, llamada fotosfera, alcanza temperaturas de 5.500 °C.

Las zonas oscuras del Sol se llaman manchas solares. En ellas la temperatura es más baja.

El viento solar

Además de luz y calor, el Sol emite un flujo constante de partículas invisibles. Es lo que se conoce como viento solar. Cuando las partículas pasan por los polos de la Tierra forman un hermoso espectáculo de luces rojas, azules, verdes y violeta. Son las auroras australes y boreales.

Aquí se ve el viento solar iluminando el cielo cerca del Polo Norte.

Tamaños comparados de la Tierra y del Sol

Link de Internet: Eclipse On Line - Con un detallado informe de un eclipse total de Sol. Visita **www.usborne/quicklinks.com/es** para enlazar.

Esto es una protuberancia solar. Es un arco gigantesco de gas caliente que salta como una enorme lengua de fuego.

La superficie solar

El Sol crea luz al quemar cuatro millones de toneladas de combustible por segundo. En esta foto se ve que la superficie del Sol es una masa de explosiones que despiden llamaradas y lenguas de gas.

En la foto de la derecha aparece la superficie del Sol y se ven unas lenguas de gas que son ráfagas de plasma.

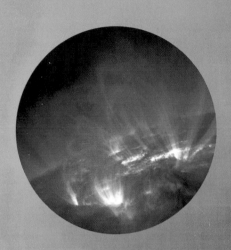

¿Líquido o gaseoso?

La vida existe en la Tierra porque la distancia al Sol es adecuada para que el agua sea un líquido, en lugar de gas o hielo.

Marte es demasiado frío.

Venus es demasiado caliente.

El Sol

La temperatura de la Tierra es perfecta. ★

A veces aparecen en la superficie del Sol unas manchas blancas llamadas fáculas. En ellas la temperatura es más alta que en el resto del Sol.

Mercurio y Venus

Mercurio y Venus son los dos planetas más cercanos al Sol. Son pequeños y muy calientes. Mercurio casi no tiene atmósfera, pero Venus está envuelto en una espesa capa de gas.

Mercurio

Mercurio es un planeta diminuto. Hace miles de millones de años muchas rocas chocaron contra él, cubriendo su superficie de cráteres. Al estar tan cerca del Sol, sólo tarda 88 días terrestres en dar la vuelta completa a su alrededor y, por lo tanto, es el planeta que tiene el año más corto.

Mercurio es tres veces más pequeño que la Tierra, pero pesa casi lo mismo. Tiene un núcleo de metal muy denso que ocupa las tres cuartas partes de su interior.

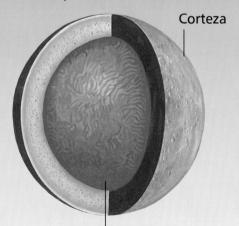

Corteza

Mercurio

Núcleo de metal

Hace 4.000 millones de años un meteorito enorme chocó contra Mercurio y formó un cráter gigantesco, llamado la cuenca Caloris, de más de 1.250 km de diámetro.

Choque de un meteorito contra Mercurio

★

Venus

Venus es el planeta que tenemos más cerca. Aunque está más lejos del Sol que Mercurio, su superficie es más caliente debido a su densa atmósfera de dióxido de carbono. La atmósfera atrapa el calor del Sol e impide que escape al espacio.

Link de Internet: Un sitio web que incluye vistas, animaciones e infinidad de datos sobre Venus, el planeta "hermano" de la Tierra. Visita **www.usborne/quicklinks.com/es** para enlazar.

Esta imagen muestra el aspecto de Venus bajo su capa de nubes.

La sonda Magallanes tomó la fotografía de abajo. En ella se ven algunas montañas y cañones de la superficie de Venus.

Se han añadido distintos tonos para mostrar con claridad la superficie.

La sonda Magallanes visitó Venus entre 1990 y 1994.

Marte

Si fueras a Marte pensarías que se parece un poco a la Tierra, porque de día tiene un cielo luminoso y alguna nube y de madrugada hay neblina y ligeras heladas. Sin embargo, Marte es un planeta mucho más frío que la Tierra.

Marte en detalle

Marte es la mitad de grande que la Tierra. Está principalmente cubierto de polvo y rocas, lo que le da el aspecto de un enorme desierto. Tiene una fina atmósfera de gas venenoso.

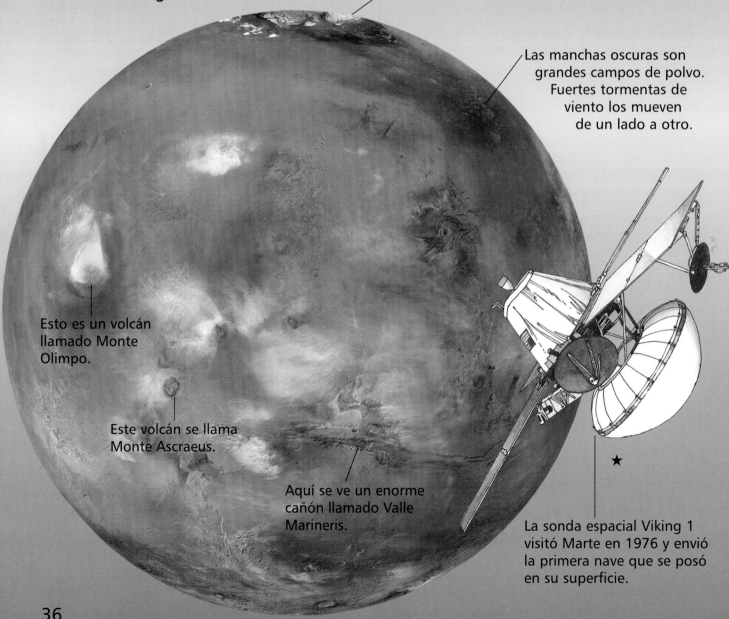

Aquí se ve uno de los casquetes polares de Marte. No es de agua, sino de dióxido de carbono, que se suele llamar "hielo seco".

Las manchas oscuras son grandes campos de polvo. Fuertes tormentas de viento los mueven de un lado a otro.

Esto es un volcán llamado Monte Olimpo.

Este volcán se llama Monte Ascraeus.

Aquí se ve un enorme cañón llamado Valle Marineris.

★

La sonda espacial Viking 1 visitó Marte en 1976 y envió la primera nave que se posó en su superficie.

Link de Internet: Un divertido sitio web que explora si hay vida en Marte.Visita **www.usborne/quicklinks.com/es** para enlazar.

Volcanes y cañones

Marte tiene muchos aspectos de interés geológico. El más grande de los volcanes marcianos es el Monte Olimpo de 2.500 metros de altura, que es el mayor volcán de nuestro Sistema Solar. En Marte también hay profundos cañones y antiguos canales de agua, ahora secos.

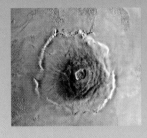

El volcán Monte Olimpo visto por una sonda espacial.

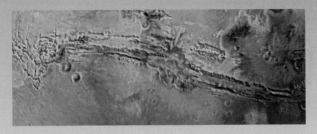

El cañón Valle Marineris, en un costado del planeta, es una grieta tan larga que podría atravesar EEUU de costa a costa.

Canales

Los astrónomos creen que los canales como éste fueron primero ríos, cuya agua se secó o congeló.

Visita a Marte

La fotografía de abajo muestra la superficie de Marte. Fue tomada por la sonda espacial Pathfinder, enviada en 1997. A bordo iba un pequeño robot móvil llamado Sojourner que llevaba cámaras de televisión y se controlaba desde la Tierra.

Es posible que las rocas que se ven en la fotografía fueran arrastradas por una gran marea hace miles de millones de años.

El Sojourner tiene el tamaño de un horno microondas.

Principales componentes:
Ⓐ Las placas solares producen energía a partir de la luz solar.
Ⓑ Ruedas de llantas dentadas que se agarran al terreno.
Ⓒ La antena de radio mantiene al robot en contacto con la Tierra.
Ⓓ Para guiar al robot se utilizan una cámara y un láser.

Júpiter y Saturno

Cuatro gigantescos planetas, compuestos principalmente de gas, se encuentran más allá del Cinturón de Asteroides. Los más grandes y brillantes son Júpiter y Saturno.

Remolinos

Júpiter es el mayor planeta del Sistema Solar. Tiene el día más corto, ya que gira sobre sí mismo en sólo 9 horas y 50 minutos. En su atmósfera se producen tormentas de gas que forman remolinos de nubes y bandas claras u oscuras.

La Gran Mancha Roja es una enorme tormenta tres veces más grande que la Tierra.

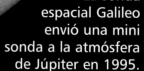

La sonda espacial Galileo envió una mini sonda a la atmósfera de Júpiter en 1995.

Las lunas de Júpiter

Júpiter tiene 28 lunas. Una de ellas, Ganímedes, es la mayor luna del Sistema Solar. La luna Io tiene muchos volcanes en su superficie.

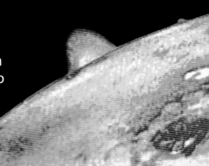

Esta fotografía de una sonda espacial muestra una erupción de gas caliente en uno de los volcanes de Io.

Anillos

Saturno es el segundo planeta más grande del Sistema Solar. A su alrededor giran muchos anillos, que están formados por fragmentos de roca y hielo. El planeta Saturno es tan ligero que si lo depositáramos en una enorme piscina, flotaría.

De todos los tamaños

Es posible que los fragmentos de roca y hielo de los anillos procedan de una luna y se formaran como indican las ilustraciones. Algunos son del tamaño de una casa y otros más pequeños que una canica.

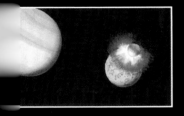

Una luna chocó contra un planeta.

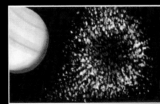

Se rompió en millones de pedazos.

Los trozos se quedaron en la órbita de Saturno.

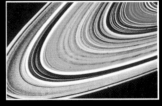

Finalmente formaron los anillos de Saturno.

Las lunas de Saturno

Saturno tiene por lo menos 24 lunas, tal vez más. La más grande es Titán, que tiene una atmósfera muy densa.

Aquí se ve el tamaño de Titán comparado con Mercurio y nuestra Luna.

Esta imagen muestra el posible aspecto de la atmósfera de Titán.

Nuestra Luna

El planeta Mercurio

Titán

Urano y Neptuno

Urano y Neptuno son enormes planetas de gas, unas cuatro veces más grandes que la Tierra. Es difícil captarlos a simple vista, pero se pueden ver con un telescopio.

Urano   Neptuno   La Tierra

Aquí ves el tamaño de Urano y Neptuno comparados con la Tierra.

Urano

Es un planeta que gira de lado. Su densa superficie gaseosa está envuelta por una fina niebla y su núcleo es de roca sólida.

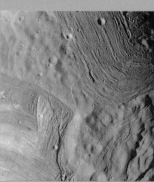

Aquí tienes algunas lunas de Urano.

Umbriel

Ariel

Titania

Un puzzle lunar

Urano tiene 21 lunas. Una de ellas, Miranda, parece un gigantesco puzzle. Es posible que hace millones de años se rompiera en pedazos que con el tiempo y la gravedad volvieron a unirse.

Oberón

Miranda

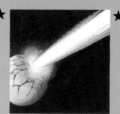

★ Tal vez un cometa se estrelló contra Miranda.

★ Los pedazos comenzaron a unirse

★ Miranda se recompuso poco a poco.

Éste es el aspecto de la superficie de Miranda hoy día.

Neptuno

En Neptuno soplan los vientos más fuertes del Sistema Solar. Alcanzan los 2.000 km por hora y arrastran nubes de gas metano en torno al planeta.

Tritón

Neptuno tiene ocho lunas. Una de ellas, Tritón, es un mundo helado. El hielo de su superficie hace un efecto invernadero, concentrando los débiles rayos del Sol y calentando el gas que hay debajo. Esto provoca que salgan disparados del hielo unos chorros de gas caliente y nieve fundida.

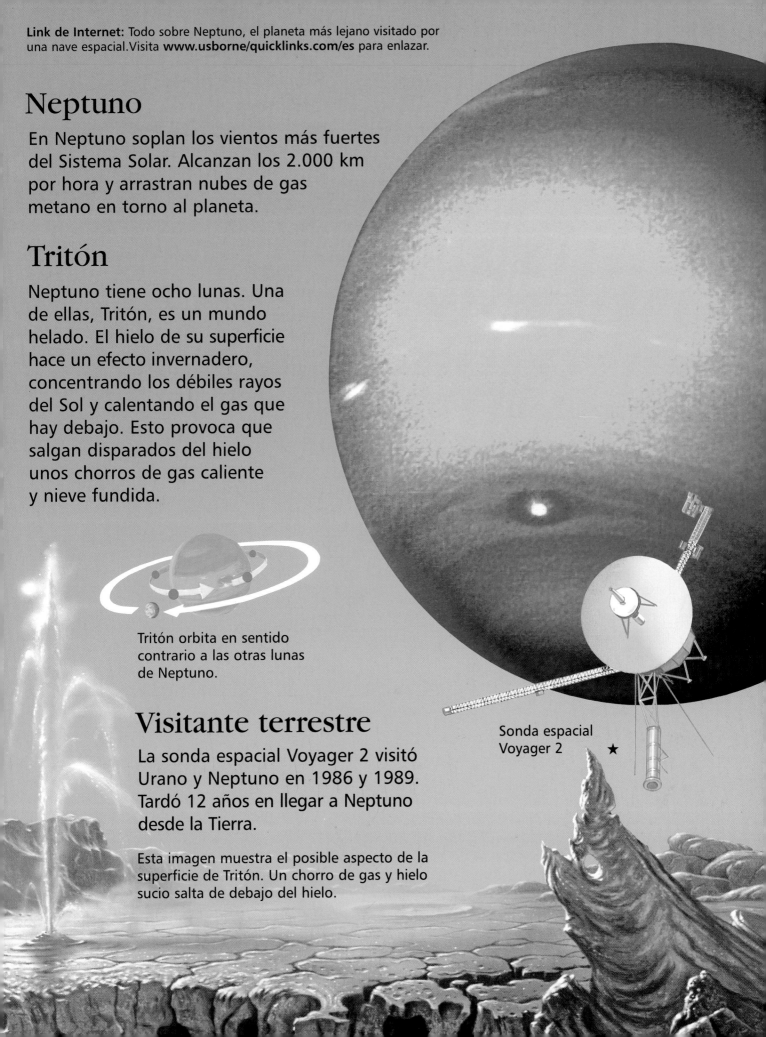

Tritón orbita en sentido contrario a las otras lunas de Neptuno.

Visitante terrestre

La sonda espacial Voyager 2 visitó Urano y Neptuno en 1986 y 1989. Tardó 12 años en llegar a Neptuno desde la Tierra.

Esta imagen muestra el posible aspecto de la superficie de Tritón. Un chorro de gas y hielo sucio salta de debajo del hielo.

Sonda espacial
Voyager 2   ★

Más allá de Plutón

Plutón se encuentra en el límite del Sistema Solar, a casi 6.000 millones de km del Sol y tan lejos de la Tierra que no se descubrió hasta 1930. No está compuesto de gas, como Urano y Neptuno, sino de roca y hielo.

¡Qué pequeño!

Plutón es un planeta diminuto, más pequeño que nuestra Luna. Tanto Plutón como su luna, Caronte, cabrían dentro de las fronteras de los EEUU. Algunos astrónomos piensan que es un asteroide y no un planeta. ★

Caronte, la luna de Plutón

Plutón

Una sonda espacial tardaría 12 años en llegar a Plutón.

Puede que la fina atmósfera de Plutón sea de nitrógeno.

Link de Internet: Haz clic en la tabla de contenidos de esta página para ver animaciones de Plutón y de su luna Caronte. Visita **www.usborne/quicklinks.com/es** para enlazar.

La órbita.

Plutón tarda 248 años terrestres en dar la vuelta alrededor del Sol. Durante 20 años está más cerca del Sol que Neptuno. Todos los planetas giran más o menos en el mismo plano, pero la órbita de Plutón sigue un camino distinto

Órbita de Neptuno

El Sol

Órbita de la Tierra

Órbita de Plutón

El Cinturón de Kuiper

Más allá de Plutón existe un enorme anillo de rocas heladas llamado Cinturón de Kuiper. Los astrónomos piensan que algunas de estas rocas podrían ser más grandes que Plutón.

Las rocas del Cinturón de Kuiper flotan sueltas. No se unieron a uno de los planetas cuando se formó el Sistema Solar.

La Nube de Oort

Más allá todavía se extiende una enorme nube brumosa que podría estar formada por trillones de cometas. Se llama la Nube de Oort.

La Nube de Oort rodea el Sistema Solar como una gigantesca bola de polvo.

Sistema Solar

Cinturón de Kuiper

43

Cuerpos celestes

Nuestro Sistema Solar comprende no sólo el Sol, los nueve planetas y sus lunas, sino también asteroides, meteoroides y cometas.

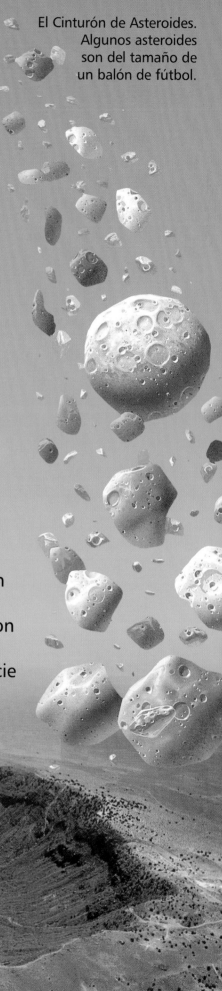

El Cinturón de Asteroides. Algunos asteroides son del tamaño de un balón de fútbol.

Asteroides

Los asteroides son fragmentos de roca y metal. Entre Marte y Júpiter hay una larga franja de estos objetos denominada el Cinturón de Asteroides. El mayor asteroide se llama Ceres y mide unos 975 km de diámetro. Algunos tienen pequeñas lunas.

Meteoroides

Los meteoroides son también fragmentos de rocas. Pueden ser tan diminutos como un grano de azúcar, aunque también los hay grandes como peñascos. Suelen desintegrarse en la atmósfera al llegar a la Tierra, pero si son enormes, logran atravesarla y chocan contra la superficie terrestre.

Los meteoroides que se desintegran en el cielo se llaman meteoros o estrellas fugaces.

Este cráter en Arizona (EEUU), fue creado por un meteorito.

Link de Internet: Echa una ojeada a las fotos que se han conseguido del cometa Hale-Bopp a lo largo de los años. Visita **www.usborne/quicklinks.com/es** para enlazar.

Cometas

Los cometas son grandes bolas de polvo y hielo que provienen de fuera del Sistema Solar y giran alrededor del Sol. Una vez que pasan Júpiter, el calor del Sol funde su capa exterior y el viento solar hace que se desprenda tras ellos una cola de gas y polvo.

★

Cuando un cometa está alejado del Sol, no tiene cola. No es más que una bola de nieve sucia.

★

En parte del Tapiz de Bayeux aparece gente mirando un cometa en 1066.

La imagen de abajo muestra el cometa Hale-Bopp cuando pasó junto a la Tierra en 1997.

★

Al acercarse al Sol la capa exterior comienza a derretirse y forma una cola de gas y polvo.

★

Cuando pasa junto a la Tierra, la cola del cometa es muy luminosa, por lo que resulta fácil verlo.

El universo

Llamamos universo a todo lo que existe en el espacio. Es imposible imaginar su tamaño. Los científicos creen que está en expansión, así que nunca podremos ver sus límites.

Años luz

El espacio es tan grande que es difícil comprender sus distancias si utilizamos las medidas métricas habituales. Por eso las distancias espaciales se miden en "años luz". Un año luz es la distancia que recorre la luz en un año.

Un viaje a través del universo

Estas imágenes muestran lo que encontraríamos si pudiéramos atravesar el universo en una nave espacial. Comienza por la Tierra (al pie de esta página) y sigue la numeración.

2 Aquí llegaríamos al borde de nuestra galaxia, la Vía Láctea, a 90.000 años luz.

1 Después de dejar atrás la Luna y los planetas llegaríamos a las estrellas más cercanas, a más de cuatro años luz de distancia.

Planetas

La Luna

La Tierra

SALIDA

Link de Internet: Más información sobre el universo y su origen. Visita **www.usborne/quicklinks.com/es** .

Velocidad de la luz

La velocidad de la luz es la más rápida del universo. La luz tarda 1,3 segundos en viajar de la Luna a la Tierra, y 8,5 minutos en llegar desde el Sol.

3 La galaxia de Andrómeda, una de las galaxias más cercanas a la Vía Láctea, está a 2,5 millones de años luz.

El Big Bang

Casi todos los científicos piensan que el universo comenzó con una gran explosión que han llamado Big Bang. Aquí se explica cómo pudo suceder.

Hace 15.000 millones de años ocurrió una tremenda explosión en la que surgió en un instante toda la materia del universo. ★

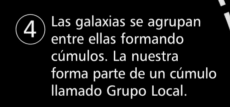

★

Al enfriarse la bola de fuego se crearon espesas nubes de gases donde comenzaron a formarse las estrellas.

Las nubes se unieron para crear galaxias. Nuestro Sol y el Sistema Solar comenzaron a formarse hace 5.000 millones de años.

4 Las galaxias se agrupan entre ellas formando cúmulos. La nuestra forma parte de un cúmulo llamado Grupo Local.

5 Más allá, los cúmulos de galaxias orbitan en torno a otros cúmulos, formando enormes grupos o supercúmulos.

Soles lejanos

Cuando miramos las estrellas por la noche, en realidad estamos viendo millones de soles lejanos. Las estrellas parecen pequeñas porque están muy lejos.

Tamaño de las estrellas

Las estrellas pueden ser de muchos tamaños. Aquí tienes algunas comparadas con nuestro Sol.

El Sol

Aldebarán

Rigel

Arcturus

Estrella de Barnard

Colores

No todas las estrellas son blancas, algunas son rojas, amarillas o azules, aunque es difícil distinguir su color a simple vista. Las diferencias se captan mejor en fotografías.

Aquí abajo se ven las estrellas de una zona del cielo llamada la constelación de Sagitario.

Las estrellas blancas y las azules suelen ser muy brillantes y calientes.

Las amarillas, como nuestro Sol, suelen ser más frías que las blancas y las azules.

Algunas de las estrellas más grandes son rojas y más frías que las demás.

Link de Internet: La evolución de las estrellas explicada en un sitio web dedicado a la astronomía. Visita **www.usborne/quicklinks.com/es** para enlazar.

Cúmulos

Las estrellas no están desperdigadas por el universo, sino que se agrupan en cúmulos, sobre todo porque las estrellas nuevas se forman en grupos y no aisladas. Existen dos grupos principales de estrellas: los cúmulos abiertos y los cúmulos globulares.

Esta formación de estrellas es un cúmulo abierto. Las estrellas de estos grupos suelen ser jóvenes y brillantes.

Abajo tienes la imagen de un cúmulo globular. Las estrellas son más viejas y están más juntas que las de los cúmulos abiertos. Los cúmulos globulares pueden contener hasta un millón de estrellas.

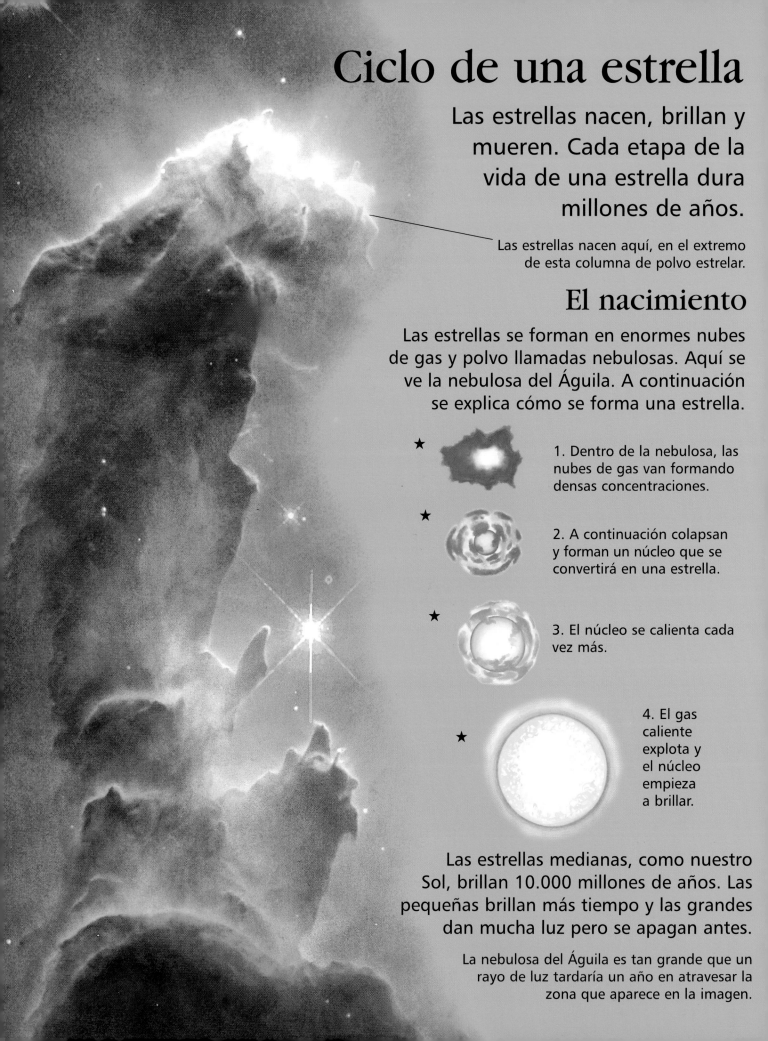

Ciclo de una estrella

Las estrellas nacen, brillan y mueren. Cada etapa de la vida de una estrella dura millones de años.

Las estrellas nacen aquí, en el extremo de esta columna de polvo estrelar.

El nacimiento

Las estrellas se forman en enormes nubes de gas y polvo llamadas nebulosas. Aquí se ve la nebulosa del Águila. A continuación se explica cómo se forma una estrella.

1. Dentro de la nebulosa, las nubes de gas van formando densas concentraciones.

2. A continuación colapsan y forman un núcleo que se convertirá en una estrella.

3. El núcleo se calienta cada vez más.

4. El gas caliente explota y el núcleo empieza a brillar.

Las estrellas medianas, como nuestro Sol, brillan 10.000 millones de años. Las pequeñas brillan más tiempo y las grandes dan mucha luz pero se apagan antes.

La nebulosa del Águila es tan grande que un rayo de luz tardaría un año en atravesar la zona que aparece en la imagen.

La muerte

Con el tiempo, las estrellas se quedan sin gases y mueren. Esto sucederá con nuestro Sol dentro de unos 5.000 milliones de años.

1. El Sol se agrandará y se tornará rojo, convirtiéndose en una estrella gigante roja.

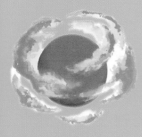

2. El gas del exterior saldrá expulsado al espacio.

3. Quedará una bola mucho más pequeña y pesada, que es una estrella enana blanca.

4. La enana blanca se irá enfriando hasta desaparecer.

Supernovas

Cuando estrellas mucho más grandes que nuestro Sol llegan al final de sus vidas, explotan. Estas explosiones se llaman supernovas. En los últimos mil años sólo se han visto cuatro supernovas desde la Tierra.

Esta estrella agonizante, la nebulosa Hourglass, está desprendiendo anillos de gas.

Link de Internet: Recorre una galería de imágenes fotográficas de supernovas y pincha en aquellas que quieras ver ampliadas. Visita **www.usborne/quicklinks.com/es** para enlazar.

Las galaxias son conjuntos de billones de estrellas que se mantienen juntas gracias a la fuerza de la gravedad.

En el universo hay billones de galaxias. Aunque pueden presentar diversas formas, la más común es la espiral.

La Vía Láctea

El Sol forma parte de una galaxia llamada la Vía Láctea que contiene más de 100.000 millones de estrellas y mide unos 100.000 años luz de diámetro. La Vía Láctea no es la mayor galaxia del universo, pero sí es más grande que muchas otras. Como la mayoría de las galaxias, gira en torno a un núcleo. ★

Los astrónomos calculan que nuestro Sistema Solar está aquí.

Un largo viaje

La Vía Láctea tarda 225 millones de años en dar una vuelta completa. La última vez que nuestro Sistema Solar estuvo en el mismo lugar que ahora fue cuando los dinosaurios habitaban la Tierra.

La Vía Láctea, vista de lado, parecería un plato con la parte del centro abultada.

El centro de la Vía Láctea está oculto tras grandes nubes de polvo.

Link de Internet: Un sitio web para quienes estén seriamente interesados en las distintas formas que presentan las galaxias. Visita **www.usborne/quicklinks.com/es** para enlazar

Distintas formas

No todas las galaxias son como la Vía Láctea, sino que pueden tener otras formas. A la derecha verás tres ejemplos.

★ Las galaxias que no tienen una forma determinada se llaman irregulares.

Las galaxias ★ elípticas tienen forma ovaladas.

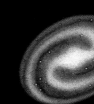

Ésta es una galaxia espiral ★ barrada.

Imagen de radio

Con un radiotelescopio se "ve" la Vía Láctea mejor que con un telescopio óptico. En esta imagen aparece la gran protuberancia en el centro de nuestra galaxia.

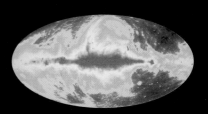

La mancha roja indica dónde se encuentran la mayoría de las estrellas en la Vía Láctea.

¿Cuántas galaxias?

Hace cien años los astrónomos creían que la Vía Láctea era la única galaxia del universo, pero durante el último siglo se han descubierto millones de galaxias gracias a los nuevos telescopios y radiotelescopios.

En esta foto se ven galaxias recientemente descubiertas. Antes de que se tomara la fotografía se creía que en esta parte del espacio no había nada.

Maravillas del universo

Muy, muy lejos de nosotros, en las profundidades del espacio, las estrellas y galaxias se comportan de manera muy extraña. Hace muy poco se han inventado telescopios tan potentes que pueden alcanzar esas regiones.

La ilustración representa el aspecto que podría tener un agujero negro. El agujero negro absorbe todo lo que hay a su alrededor.

Un típico agujero negro es del tamaño de una ciudad.

Todo lo que hay cerca de un agujero negro gira a su alrededor antes de ser absorbido.

Por encima y por debajo de un agujero negro sale un chorro de gas muy caliente.

Los agujeros negros

Algunas estrellas gigantes al morir, en lugar de desaparecer, colapsan sobre sí mismas. Toda la estrella se encoge formando una bola muy densa llamada agujero negro. La gravedad de esta bola es tan fuerte que atrae todo lo que tiene a su alrededor, incluida la luz. Los agujeros negros son invisibles, pero se pueden localizar por lo que sucede en torno a ellos.

Link de Internet: Una página con un diseño muy atractivo, llena de juegos y actitivades sobre el espacio. Visita **www.usborne/quicklinks.com/es** para enlazar.

Caos cósmico

En el espacio todo está en movimiento y a veces las galaxias se cruzan unas con otras, aunque tardan millones de años en atravesarse. La fotografía de la derecha muestra el choque de dos galaxias llamadas Antena.

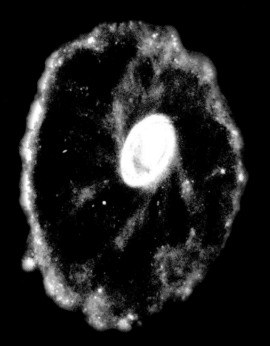

La Rueda de Carro

En la imagen de la izquierda se ve el aspecto de una galaxia después de haber chocado con otra. Esta galaxia se llama Rueda de Carro porque en el borde se ha formado una enorme rueda de estrellas nuevas.

Los púlsares

A veces una estrella, durante su colapso, forma un púlsar en lugar de un agujero negro. A medida que se encoge va girando cada vez más deprisa hasta adquirir tal densidad que un trozo del tamaño de un terrón de azúcar pesaría 1.000 millones de toneladas.

El púlsar al girar emite ondas (impulsos radioeléctricos) de electrones, unas partículas que se pueden captar con un radiotelescopio. El púlsar parece tener luz intermitente.

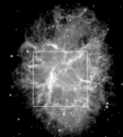

En la nebulosa del Cangrejo hay un púlsar.

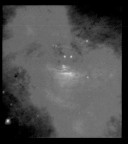

Aquí se ve un púlsar parpadeando.

¿Extraterrestres?

La primera vez que se detectaron los púlsares se creyó que eran señales extraterrestres. Los impulsos radioeléctricos que captaban los radiotelescopios parecían mensajes procedentes del espacio.

Radiotelescopios

El cielo nocturno

Aunque muchas de las imágenes de este libro se han obtenido mediante potentes telescopios, por la noche se pueden detectar muchas cosas interesantes en el cielo a simple vista.

Galaxia espiral

La Vía Láctea

La Luna

Cúmulo de estrellas llamado las Híadas.

Una estrella vieja llamada Betelgeuse.

Este grupo de estrellas es Orión.

Esta estrella es Sirio, la que brilla más en el cielo.

La Luna

Es el cuerpo celeste que mejor se ve por la noche. La Luna brilla en la oscuridad porque está iluminada por el Sol y parece que cambia de forma a medida que gira alrededor de la Tierra.

★ **Luna nueva**
Cuando la Luna no está iluminada es imposible verla.

★ **Cuarto creciente**
Poco a poco la luz cae sobre la Luna, que parece crecer.

★ **Luna llena**
Una vez cada 28 días el Sol ilumina toda una cara de la Luna.

★ **Cuarto menguante**
A medida que la Luna avanza en su órbita, va recibiendo menos luz y parece encogerse.

Veo, veo

Por la noche hay mucho que ver en el cielo, si sabes dónde mirar. Aquí aparecen algunos de los astros que se detectan sin telescopio. También puedes aprender sobre ellos consultando este libro.

Estrellas

En las noches despejadas, el cielo está lleno de estrellas. Algunas forman figuras que se llaman constelaciones. En total existen 88 constelaciones.

Esta figura de estrellas se llama Orión y aparece también en la página anterior. En la antigüedad se pensaba que la figura parecía un cazador.

Fotografía de la constelación de Orión

La Vía Láctea

La Vía Láctea se ve en ciertas épocas del año si el cielo está despejado. Parece una gruesa banda de estrellas débiles dispersas por el cielo, con el aspecto de un chorro de leche derramada.

En esta foto se ve la Vía Láctea en una noche muy clara.

Link de Internet: Esta página pone a tu alcance todas las constelaciones del cielo por orden alfabético. Visita **www.usborne/quicklinks.com/es** para enlazar.

Prismáticos y telescopios

Por la noche se distinguen bastantes cuerpos celestes a simple vista, pero con un telescopio o unos prismáticos verás muchos más.

Prismáticos

Unos buenos prismáticos son más baratos que un telescopio y resultan muy prácticos para observar el cielo porque son ligeros y es fácil dirigirlos a lo que quieras ver.

Esta imagen muestra un cúmulo de estrellas y tres estrellas aisladas vistas a través de unos prismáticos.

Esta rueda sirve para enfocar la imagen.

La Luna

Prueba a observar la Luna a través de unos prismáticos o un telescopio. Se ven montañas, cráteres y "mares". La luz del Sol arroja largas sombras.

Por aquí se agarran los prismáticos.

Estos son los oculares, por donde se mira. Se pueden girar para que la imagen sea más clara.

Los prismáticos tienen dos lentes frontales, una para cada ocular.

Telescopios

Los telescopios aumentan los objetos mucho más que los prismáticos, pero no vale la pena comprar un telescopio barato. Si no quieres gastar mucho dinero, es mejor comprar unos prismáticos.

Aquí tienes el mismo cúmulo de estrellas de la página anterior y las tres estrellas aisladas. Con un telescopio se ven mucho más grandes.

Casi todos los telescopios pesan mucho. Hay que colocarlos en un trípode para que no se muevan y no hagan temblar las imágenes.

Éste es un telescopio pequeño, poco potente. Se utiliza para buscar los objetos en el cielo antes de mirarlos a través del telescopio principal.

Tubo del telescopio

La galaxia de Andrómeda vista por un telescopio como el de esta página.

Galaxias

A través de un telescopio se pueden ver incluso otras galaxias. Tienen el aspecto de pequeñas manchas de luz brumosa. Una de las más fáciles de ver es la galaxia de Andrómeda, que está a medio millón de años luz de la Tierra.

Esta rueda sirve para enfocar la imagen.

Aquí está el visor del telescopio principal.

Esto es un trípode.

Glosario espacial

Aquí se explica el significado de algunas palabras importantes que aparecen en el libro.

antena la parte de una radio que recoge o envía ondas de radio.

año luz la distancia que recorre un rayo de luz en un año terrestre: 9.500.000.000.000 km.

año período de tiempo que tarda un planeta en dar una vuelta completa al Sol. El año de la Tierra tiene 365 días.

asteroide una roca que gira alrededor del Sol. Existen miles en una región del Sistema Solar llamada el Cinturón de Asteroides.

astronauta la persona que va al espacio.

atmósfera capas de gas que rodean un planeta o una estrella.

cohete tipo de motor de las naves espaciales que utiliza un combustible explosivo.

cometa pedazo de hielo sucio que gira alrededor del Sol. A veces se acercan tanto a la Tierra que se distinguen a simple vista.

cráter agujero en la superficie de un planeta, luna o asteroide provocado por el impacto de un meteorito o un asteroide.

cúmulo grupo de cuerpos celestes cercanos entre sí, como estrellas o galaxias.

día el tiempo que tarda un planeta en girar una vez sobre sí mismo.

estación espacial una base en el espacio para la exploración espacial. En las páginas 18-19 tienes una imagen de una estación espacial.

estrella enorme bola de gas incandescente.

extraterrestre una forma de vida de otro mundo.

galaxia grupo de cientos de millones de estrellas cercanas entre sí gracias a la fuerza de gravedad.

gravedad una fuerza que atrae a los objetos hacia otros objetos (casi siempre los objetos grandes atraen a los más pequeños).

ingrávido persona o cosa que no tiene peso y flota.

laboratorio lugar donde los científicos realizan experimentos.

luna pequeño planeta en órbita alrededor de otro planeta.

meteorito un meteoroide que se estrella contra la superficie de un planeta.

meteoro meteoroide que se desintegra en la atmósfera de un planeta. También se llama estrella fugaz.

meteoroide polvo o fragmentos de roca que giran en órbita alrededor del Sol.

nave espacial vehículo para viajar al espacio. Puede llevar tripulación o no.

nebulosa enorme nube de gas y polvo donde pueden formarse nuevas estrellas.

núcleo parte central de un planeta, luna, estrella u otro cuerpo celeste.

órbita trayectoria de un objeto al girar alrededor de otro. Por ejemplo, la Tierra está en órbita alrededor del Sol y la Luna gira en órbita alrededor de la Tierra.

paseo espacial cuando un astronauta sale de una nave y flota en el espacio.

placa solar una lámina metálica que recoge el calor del Sol para convertirlo en electricidad.

planeta cuerpo grande de roca o gas que gira alrededor de una estrella.

radiotelescopio un telescopio que utiliza las ondas de radio para "ver" los cuerpos celestes. En las páginas 10-11 hay fotos de radiotelescopios.

robot máquina que puede realizar una tarea de forma similar al hombre.

satélite cuerpo celeste que gira en órbita alrededor de otro objeto. Por ejemplo, la Luna es un satélite de la Tierra.

satélite artificial una nave sin tripulación que gira alrededor de la Tierra.

sistema solar grupo de planetas y otros objetos en órbita alrededor de un sol. En las páginas 28-29 tienes una ilustración de nuestro Sistema Solar.

sonda espacial nave espacial sin tripulación que recoge información sobre objetos en el espacio.

superficie la parte exterior de una estrella, planeta u otro cuerpo celeste.

universo todo lo que existe en el espacio.

viento solar corriente constante de partículas diminutas emitidas por el Sol. Cuando pasa por el Polo Norte y el Polo Sur de la Tierra ilumina el cielo.

zona de carga en una nave espacial, la zona donde se cargan grandes objetos como satélites o componentes de una estación espacial.

Índice

Procedencia de las fotografías

La editorial agradece el permiso de reproducción a las siguientes personas y entidades:

portada y contraportada, Digital Vision; lomo, Stockbyte; p1, Digital Vision; p2-3 NASA/NSSDC; p4iz, NASA y Hubble Heritage Team (STScz); p4-5s, Digital Vision; p5sd, NASA/NSSDC; p5id, NOAO/SPL; p6sz, Roger Rossmeyer/CORBIS; p6ic NASA/SOHO/ESA; p7, Digital Vision; p8sd Bettmann/Corbis; p8i, Jim Sugar Photography/Corbis; p9id, NASA; p10z NOAO/STScl/NASA; p10d, Jack O. Burns (Universidad de Missouri) y David Clarke (Universidad de St Mary, Nueva Escocia); p10-11, Roger Ressmeyer/Corbis; p12iz, Digital Vision; p12-13, Digital Vision; p13id, NASA; p14, NASA; p15, NASA; P16c, NASA/SPL; p17iz, Digital Vision; p17id, NASA/SPL; p18-19 (fondo), Digital Vision; p18-19 (primer plano), NASA; p20c, CORBIS; p20iz, Digital Vision; p21c, NASA; p21id, David Ducros/SPL; p22z, Digital Vision; p22sz, Genesis Space Photo Library; p22-23, NASA/SOHO/ESA; p23sd, Julian Baum/SPL; p23iz, NASA; p23ic, NASA/SOHO/ESA; p23id, Digital Vision; p24z, NASA/JPL/Malin Space Science System; p24c, NASA/HSFI/Pat Rawlings; p24ci, A. Gragera, Latin Stock/SPL; p25d, Chris Butler/SPL; p26iz, NASA/SPL; p26id, Stephanie Maze/CORBIS; p27sz, Victor Habbick Visions/SPL; p27cz, NASA/JPL; p27iz, NASA/SPL; p28c, Digital Vision; p28id, Digital Vision; p29z Digital Vision; p29sz, NASA/SOHO/ESA; p29sz, NASA/NSSDC; p29cs, Digital Vision; p29c, NASA/NSSDC; p29cz, Kenneth Seidelman, U.S. Naval Observatory; p29iz, NASA; p29sd, NASA/NSSDC; p29id, Digital Vision; p30z, NASA/U.S. Geological Survey; p30cd, Digital Vision; p31i, Digital Vision; p32iz, NASA/SPL; p32-33 NASA/SOHO/ESA; p33cd, NASA/SPL; p33idz, Digital Vision; p33idc, NASA/NSSDC/Viking; p33idd, Digital Vision; p35s, NASA/U.S. Geological Survey; p35i, NASA/JPL; p36z, NASA/JPL/MSSS; p37z, NASA/JPL/Caltech; p37c, NASA/JPL/Caltech; p37d, NASA/JPL/MSSS; p37i, NASA/JPL/MPF; p38cz, NASA/SPL; p38cd, CORBIS; p38id, NASA; p39sc, SPL; p39cd, NASA; p39ic, Astro-geology Team/USS; p39id, Digital Vision; p40cd, NASA; p40c, JPL/CALTECH/NASA/Calvin J. Hamilton; p40cz, JPL/CALTECH/NASA/Calvin J. Hamilton; p40z, JPL/CALTECH/NASA/Calvin J. Hamilton; p40id, NASA; p40-41i, David Hardy/SPL; p41cd, NASA; p44i, John Sanford/SPL; p44z, NASA; p45c, J. Finch/SPL; p46sz, WFI/European Southern Observatory; p46c, Roger Ressmeyer/Corbis; p46i, Digital Vision; p47sz, Digital Vision; p47cd, NASA/Hubble Heritage Project (AURA/STScl); p47id, NASA/A. Fruchter y ERO Team (STScl, ST-ECF); p48id, Hubble Heritage Team (AURA/STScl/NASA); p49sz, R. Gilmozzi/Hubble/STScl; p49i, NASA/W. Brandner/E. Grebel/Y.H. Chu; p50z, Digital Vision; p51d, NASA/JPL/WFPC2; p53iz, Space Telescope Science Institute/NASA/SPL; p53c, Max Planck Institut fur Radioastronomie/SPL; p54cz, David A. Hardy/SPL; p55sd, NASA/Brad Whitmore (STScl); p55c, Digital Vision; p55ic, NASA/Jeff Hester y Paul Scowen; p55id Bettmann/Corbis; p57iz, Gerry Schad/SPL; p57sd, John Sandford/SPL; p58-59, Digital Vision; p58iz, Howard Allman/Broadhurst Clarkson & Fuller Ltd, Londres; p59id, Howard Allman/Broadhurst Clarkson & Fuller Ltd, Londres.

Clave
s = superior, c = centro, i = inferior, z = izquierda, d = derecha, SPL = Science Photo Library